Louise L. Hay
Liebe Deinen Körper

Liebe
Deinen Körper

Positive Affirmationen
für einen gesunden Körper

von Louise L. Hay

Verlag Alf Lüchow

Titel der Originalausgabe: „Love Your Body"
Copyright 1985, 1989 by Louise L. Hay
Expanded Edition, September 1989, Hay House, Inc.,
Santa Monica, CA 90406, U.S.A.

Aus dem Amerikanischen übersetzt von
Karl Friedrich Hörner

Jegliche Verwendung des Namens und des Portraits von Louise L. Hay oder
des Titels dieses Werkes für Selbsthilfegruppen, Workshops, Studiengruppen,
Kurse, Seminare und dergleichen erfordert die vorherige schriftliche Zustim-
mung von Hay House, Inc. Anfragen bitte an: Rights and Permissions, Hay
House, Inc., P.O. Box 2212, Santa Monica, CA 90406. Dies gilt ferner für
Vervielfältigungen, Übersetzungen, Mikroverfilmungen und die Einspeiche-
rung und Verarbeitung in elektronischen Systemen. Jede unberechtigte
Verwertung stellt einen Verstoß gegen das Urheberrechtsgesetz dar und ist
strafbar.

Die Autorin dieses Buches gibt hier keine medizinischen Empfehlungen und
verordnet auch nicht – weder direkt noch indirekt – den Einsatz irgendeiner
Methode im Sinne einer Behandlungsart für medizinische Probleme, die ohne
den Rat eines Arztes anzuwenden wäre. Absicht der Autorin ist allein, Informa-
tionen allgemeiner Art anzubieten, um dir zu helfen, mit deinem Arzt in eurem
gemeinsamen Streben nach Gesundheit zu kooperieren. Falls du Informa-
tionen aus diesem Buch für dich anwenden möchtest, behandelst du dich
selbst, was dein freies Recht ist. Autor und Verleger dieses Buches über-
nehmen in diesem Falle jedoch keinerlei Verantwortung für dein Tun und
dessen Folgen.

Deutsche Erstausgabe 1990

Copyright © 1990 der deutschen Ausgabe:
Verlag Alf Lüchow,
Postfach 1751, D-7800 Freiburg i. Br.
Alle Rechte vorbehalten.

Gestaltung: Magnus Berger, Bollschweil
Herstellung: Rombach GmbH, Druck- und Verlagshaus, Freiburg
Satz: Druckerei Roßwog, Freiburg

Gedruckt in Deutschland

ISBN 3-925898-06-9

Widmung

Allen Wesen auf diesem Planeten
widme ich diese Gabe in Liebe.

Affirmationen
für einen
gesunden Körper

Ein kleines Baby liebt jeden Zentimeter seines Körpers. Es hat keine Schuldgefühle, keine Schamgefühle, und es vergleicht nicht. Du bist selbst so gewesen, doch irgendwann hast du dann einmal gehört, wie andere über dich sagten, du seist **„nicht gut genug".** Du fingst an, deinen Körper zu kritisieren und dachtest vielleicht, daß deine Mängel an ihm liegen müßten.

Hören wir doch auf mit diesem Unfug, und kehren wir dahin zurück, unseren Körper zu lieben und ihn ganz so zu akzeptieren, wie er ist. Natürlich verändert er sich – und wenn wir unserem Körper Liebe geben, verändert er sich zum Guten.

Das Unterbewußtsein hat keinen Sinn für Humor und kann falsch von wahr nicht unterscheiden. Was wir sagen und was wir denken, nimmt es gleichsam als Baumaterial her, mit dem es arbeitet. Indem du diese **„Ich liebe meinen Körper"**-Affirmationen immer von neuem wiederholst, legst du neue Samen in den fruchtbaren Boden deines Unterbewußtseins, und sie werden für dich wahr.

Stelle dich vor einen Spiegel und wiederhole jede Affirmation zehnmal. Übe dies zweimal täglich. Schreibe die Affirmationen auch irgendwann im Laufe des Tages zehnmal auf. Arbeite jeden Tag mit einer Affirmation, bis du zum Ende des Buches gelangst. Die leeren Seiten kannst du verwenden, um deine eigenen positiven Affirmationen niederzuschreiben. Wenn es dann einen Teil deines Körpers gibt, den du immer noch nicht magst oder mit dem du ein Problem hast – dann arbeite mit der betreffenden Affirmation mindestens einen Monat lang täglich, oder bis eine positive Veränderung eintritt.

Wenn Zweifel, Ängste oder negative Gedanken aufkommen, erkenne sie einfach als das, was sie sind: alte, einengende Überzeugungen, die bei dir bleiben möchten. Doch sie haben keine Macht über dich. Sage zu ihnen einfach: „Raus hier! Ich brauche euch nicht mehr." Dann wiederhole deine Affirmationen.

Wo du aufhörst zu arbeiten, da ist dein Widerstand. Erkenne den Teil deines Körpers, den du nicht lieben willst. Schenke diesem Teil zusätzliche Aufmerksamkeit, damit du deine Begrenzung überwinden kannst. Lasse den Widerstand los.

Auf diese Weise wirst du binnen kurzer Zeit einen Körper haben, den du wirklich liebst. Und dein Körper wird darauf ansprechen, indem er dir vollkommene Gesundheit schenkt. Jeder Teil deines Körpers wird perfekt arbeiten, als ein harmonisches Ganzes. Du wirst sogar feststellen, daß Falten verschwinden, das Gewicht sich normalisiert und deine Haltung aufrechter wird.

Was wir ständig bekräftigen, wird wahr für uns.

*Persönliche
Notizen*

Ich liebe meinen Verstand

Mein Verstand erlaubt mir, das große Wunder
meines Körpers zu erkennen. Ich bin froh,
am Leben zu sein. Ich mache mir bewußt, daß ich
die Kraft habe, mich zu heilen. Mein Verstand
wählt die Gedanken, die meine Zukunft
Augenblick für Augenblick erschaffen.
Meine Macht kommt aus dem Einsatz meines
Verstandes. Ich wähle Gedanken, durch die ich
mich wohlfühle. Ich liebe meinen wunderbaren
Verstand und bin dankbar dafür!

*Persönliche
Notizen*

Ich liebe meine Kopfhaut

Meine Kopfhaut ist entspannt und macht mich friedlich. Sie ist unverkrampft und leicht. Sie bietet mir einen fruchtbaren Boden für das Wachstum meines Haares. Mein Haar kann frei und üppig wachsen. Ich wähle die Gedanken, die meine Kopfhaut liebevoll massieren. Ich liebe meine wunderbare Kopfhaut und bin dankbar dafür!

*Persönliche
Notizen*

Ich liebe
mein Haar

Ich vertraue darauf, daß das Leben selbst sich um alle meine Bedürfnisse kümmert, und ich wachse kräftig und in Frieden. Ich entspanne meine Kopfhaut und gebe meinem schönen Haar Raum, um üppig zu wachsen. Liebevoll pflege ich mein Haar und wähle die Gedanken, die sein Wachsen und Erstarken fördern. Ich liebe mein wunderbares Haar und bin dankbar dafür!

*Persönliche
Notizen*

Ich liebe meine Augen

Ich habe vollkommenes Sehvermögen. Ich sehe klar in jede Richtung. Ich betrachte voll Liebe meine Vergangenheit, meine Gegenwart und meine Zukunft. Mein Denken entscheidet, wie ich das Leben sehe. Ich sehe mit neuen Augen. Ich sehe Gutes in jedem und überall. Ich erschaffe jetzt liebevoll das Leben, das ich gerne betrachte. Ich liebe meine wunderbaren Augen und bin dankbar dafür!

*Persönliche
Notizen*

Ich liebe meine Ohren

Ich bin gelassen, ausgeglichen und eins mit dem Leben. Ich wähle Gedanken, die Harmonie um mich erzeugen. Ich lausche liebevoll allem Guten und Angenehmen. Ich vernehme den Schrei nach Liebe, der hinter den Worten jedes Menschen verborgen liegt. Ich bin willens, andere zu verstehen, und ich habe Mitgefühl für sie. Ich freue mich, daß ich das Leben hören kann. Ich halte mein Denken offen und empfänglich. Ich will gerne hören. Ich liebe meine wunderbaren Ohren und bin dankbar dafür!

*Persönliche
Notizen*

Ich liebe meine Nase

Ich bin in Frieden mit allen, die um mich sind.
Kein Mensch, Ort oder Gegenstand hat Macht
über mich. Ich bin die Macht und Autorität in
meiner Welt. Ich wähle die Gedanken, die meinen
eigenen, wirklichen Wert erkennen.
Ich erkenne meine intuitive Fähigkeit an.
Ich vertraue meiner Intuition, denn ich bin immer
verbunden mit der Universellen Weisheit und
Wahrheit. Ich gehe immer in die Richtung, die gut
für mich ist. Ich liebe meine wunderbare Nase
und bin dankbar dafür!

*Persönliche
Notizen*

Ich liebe
meinen Mund

Ich nähre mich, indem ich neue Ideen aufnehme.
Ich bereite neue Vorstellungen für die Verdauung
und Aufschließung vor. Ich treffe Entscheidungen
mit Leichtigkeit und nach dem Prinzip der
Wahrheit. Ich habe einen guten Geschmack fürs
Leben. Ich wähle die Gedanken, die mich mit
Liebe sprechen lassen. Ich spreche für mich selbst
aus der Sicherheit meines eigenen, wahren
Wertes. Ich liebe meinen wunderbaren Mund und
bin dankbar dafür!

Persönliche Notizen

Ich liebe meine Zähne

Meine Zähne sind stark und gesund. Ich beiße mit Freude ins Leben rein. Ich kaue und erschließe alle meine Erfahrungen vollständig und mit Bedacht. Ich bin ein entschlossener Mensch. Ich treffe Entscheidungen leicht, und ich stehe zu ihnen. Ich wähle die Gedanken, die mir eine feste innere Grundlage bauen. Ich vertraue meiner inneren Weisheit. Ich weiß, daß ich immer wählen werde, was für mich im jeweiligen Augenblick das beste ist. Ich liebe meine wunderbaren Zähne und bin dankbar dafür!

*Persönliche
Notizen*

Ich liebe mein Zahnfleisch

Mein Zahnfleisch ist der Inbegriff von Gesundheit. Liebevoll stützt und schützt es meine Zähne. Ich kann mich leicht an meine Entscheidungen halten. Ich unterstütze meine Entschlüsse mit geistigen Überzeugungen. Ich bin fest verankert in Weisheit und Wahrheit. Ich wähle die Gedanken, die nur rechtes Handeln in meinem Leben erzeugen. Ich liebe mein wunderbares Zahnfleisch und bin dankbar dafür!

*Persönliche
Notizen*

Ich liebe meine Stimme

Ich bringe meine Meinung zu Gehör.
Ich spreche für mich selbst. Ich lobsinge Liebe
und Freude. Meine Worte sind die Musik des
Lebens. Ich wähle die Gedanken, die Schönheit
und Dankbarkeit ausdrücken. Ich verkünde mein
Einssein mit allem Leben. Ich liebe meine
wunderbare Stimme und bin dankbar dafür!

*Persönliche
Notizen*

Ich liebe meinen Hals

Bereitwillig wende ich meinen Blick,
um auch andere Möglichkeiten anzuerkennen,
Dinge zu betrachten oder zu tun. Ich bin frei,
sie alle anzuerkennen. Ich bin willens, mich selbst
zu wandeln. Ich wähle die Gedanken, die mich in
meinen Vorstellungen und in meinem kreativen
Selbstausdruck flexibel sein lassen.
Ich äußere mich frei und freudig. Ich liebe meinen
wunderbaren Hals und bin dankbar dafür!

*Persönliche
Notizen*

Ich liebe meine Schultern

Ich trage meine Verantwortung mit Leichtigkeit. Meine Bürde ist leicht wie Federn im Winde. Ich stehe aufrecht und frei und trage meine Erfahrungen mit Freude. Meine Schultern sind schön, wohlgeformt und stark. Ich wähle die Gedanken, die meinen Weg leicht und frei machen. Liebe löst und entspannt. Ich liebe mein Leben. Ich liebe meine wunderbaren Schultern und bin dankbar dafür!

Persönliche Notizen

Ich liebe meine Arme

Ich beschütze mich und meine Lieben.
Mit Freude heiße ich das Leben willkommen.
Ich habe große Fähigkeiten, die Erfahrungen
meines Lebens zu umarmen. Meine Kapazität,
mich des Lebens zu erfreuen, ist enorm.
Ich wähle die Gedanken, die mich Veränderung
leicht akzeptieren und mich in jede Richtung
bewegen lassen. Ich bin zu jeder Zeit stark,
fähig und begabt. Ich liebe meine wunderbaren
Arme und bin dankbar dafür!

Persönliche Notizen

Ich liebe
meine Handgelenke

Meine Handgelenke sind flexibel und frei.
Mit Leichtigkeit lasse ich Vergnügen
in mein Leben einkehren.
Ich verdiene all das Gute, das ich empfange.
Ich wähle die Gedanken, die es mir leicht machen,
alles zu genießen, was ich habe.
Ich liebe meine wunderbaren Handgelenke
und bin dankbar dafür!

Persönliche Notizen

Ich liebe meine Hände

Meine Hände sind frei, das Leben so zu halten,
wie sie es wünschen. Meine Hände haben
unbegrenzte Möglichkeiten, mit Begebenheiten
und Menschen umzugehen.
Ich wähle die Gedanken, die meine Erlebnisse mit
Freude und Leichtigkeit behandeln.
Jede Einzelheit wird in Übereinstimmung mit der
göttlichen rechten Ordnung versorgt.
Ich behandle das Leben mit Liebe.
Also bin ich in Sicherheit, bin geborgen, bin ich
selbst. Ich bin in Frieden. Ich liebe meine
wunderbaren Hände und bin dankbar dafür!

*Persönliche
Notizen*

Ich liebe meine Finger

Meine Finger bereiten mir viel Freude.
Ich liebe meine Fähigkeit zu berühren und
zu fühlen, zu versuchen und zu ertasten,
zu richten und zu reparieren, zu schaffen und mit
Liebe zu gestalten. Ich lege meine Finger an den
Puls des Lebens und fühle mich ein in jeden
Menschen, jeden Ort und jeden Gegenstand.
Ich wähle die Gedanken, die mich befähigen,
mit Liebe zu berühren. Ich liebe meine
wunderbaren Finger und bin dankbar dafür!

*Persönliche
Notizen*

Ich liebe meine Fingernägel

Es ist eine Freude, meine Fingernägel zu betrachten. Ich bin geschützt und sicher. Ich entspanne mich und vertraue darauf, daß das Leben sich vor mir entfaltet, und meine Fingernägel werden dabei kräftig und hart. Ich liebe alle die wunderbaren Einzelheiten meines Lebens. Ich wähle die Gedanken, die mich die kleineren Details leicht und mühelos behandeln lassen. Ich liebe meine wunderbaren Fingernägel und bin dankbar dafür!

Persönliche Notizen

Ich liebe
meine Wirbelsäule

Meine Wirbelsäule ist ein Ort der Harmonie und
Liebe. Jeder Wirbel ist liebevoll mit seinen
Nachbarn verbunden. Zwischen allen Wirbeln
herrscht vollendete Beweglichkeit.
Das macht mich stark und doch flexibel.
Ich kann mich dem Himmel entgegenstrecken und
auch zur Erde hinabbeugen. Ich wähle die
Gedanken, die mich sicher und frei sein lassen.
Ich liebe meine wunderbare Wirbelsäule und bin
dankbar dafür!

*Persönliche
Notizen*

Ich liebe meinen Rücken

Ich werde vom Leben selbst unterstützt.
Ich fühle mich emotional unterstützt. Ich lasse alle
Ängste los. Ich spüre, daß ich geliebt werde.
Ich lasse von der Vergangenheit los und allen
Erlebnissen, die ihr angehören. Ich lasse das los,
was hinter meinem Rücken liegt.
Ab jetzt vertraue ich dem Prozeß des Lebens.
Ich wähle die Gedanken, die alle meine
Bedürfnisse erfüllen. Das Leben fördert mich auf
erwartete und unerwartete Weise. Ich weiß, daß
das Leben auf meiner Seite ist. Ich stehe gerade
und aufrecht, unterstützt von der Liebe zum
Leben. Ich liebe meinen wunderbaren Rücken und
bin dankbar dafür!

Persönliche Notizen

Ich liebe meine Flexibilität

Gott hat mir die Fähigkeit geschenkt, flexibel zu sein und mich mit dem Strom des Lebens zu bewegen wie eine Weide. Ich kann mich beugen und strecken und immer in meine Mitte zurückkehren.
Ich wähle die Gedanken, die diese Fähigkeit stärken, geschmeidig und biegsam zu sein.
Ich liebe meine wunderbare Flexibilität und bin dankbar dafür!

Persönliche Notizen

Ich liebe
meinen Brustkorb

In vollkommenem Gleichmaß nehme ich auf
und gebe wieder ab, was nährt und erhält.
Das Leben liefert alles, was ich brauche.
Ich bin frei, ich selbst zu sein, und ich erlaube
anderen die Freiheit, sie selbst zu sein.
Das Leben erkennt uns alle an. Es ist gut für uns,
heranzuwachsen. Ich nähre nur mit Liebe.
Ich wähle die Gedanken, die uns allen Freiheit
schenken. Ich liebe meinen wunderbaren
Brustkorb und bin dankbar dafür!

Persönliche Notizen

Ich liebe meine Lungen

Ich habe das Recht, Raum einzunehmen.
Ich habe das Recht zu existieren.
Voll und frei nehme ich Leben auf und lasse es
wieder hinausströmen. Es ist gut, meine Umwelt in
mich aufzunehmen. Ich vertraue der Macht, die
mir der Atem in so großer Fülle liefert.
Es ist genug Atem da, der so lange reicht, wie ich
leben möchte. Es gibt genug Leben und Nahrung
für die ganze Zeit, die ich leben möchte.
Ich wähle jetzt die Gedanken, die Sicherheit für
mich erzeugen. Ich liebe meine wunderbaren
Lungen und bin dankbar dafür!

Persönliche Notizen

Ich liebe meinen Atem

Mein Atem ist mir sehr kostbar.
Er ist ein Schatz und eine lebensspendende
Substanz. Ich weiß, daß es gut für mich ist
zu leben. Ich liebe das Leben. Ich atme das Leben
tief und ganz ein. Ich atme ein und aus
in vollkommenem Gleichmaß. Ich wähle die
Gedanken, die einen liebevollen, köstlichen Atem
erzeugen. Ich bin eine Freude für meine
Umgebung. Ich fließe mit dem Atem des Lebens.
Ich liebe meinen wunderbaren Atem und bin
dankbar dafür!

*Persönliche
Notizen*

Ich liebe meine Drüsen

Meine Drüsen sind die Ausgangspunkte für meinen Selbstausdruck. Mein Selbstausdruck ist mein eigener, einzigartiger Zugang zum Leben. Ich bin ein einzigartiges Individuum. Ich achte meine Individualität. In der Tiefe meines Wesens lege ich den Grund für alles Gute, das sich in meinem Leben und vor meinen Augen entfaltet. Meine Originalität beginnt mit den Gedanken, die ich zu denken wähle. Meine Immunität und meine Kraft sind stark und ausbalanciert. Ich weiß, was ich will. Ich habe Elan. Ich liebe meine wunderbaren Drüsen und bin dankbar dafür!

*Persönliche
Notizen*

Ich liebe mein Herz

Mein Herz schickt liebevoll Freude durch meinen ganzen Körper und nährt dadurch die Zellen. Freudvolle neue Ideen zirkulieren nun frei in meinem Innern. Ich bin Lebensfreude, die sich offenbart und empfängt. Ich wähle die Gedanken, die ein immerwährendes, freudiges Jetzt erzeugen. Es ist gut, in jedem Alter lebendig zu sein. Ich strahle Liebe in alle Richtungen aus, und mein ganzes Leben ist Freude. Ich liebe von ganzem Herzen. Ich liebe mein wunderbares Herz und bin dankbar dafür!

*Persönliche
Notizen*

Ich liebe
mein Blut

Das Blut in meinen Adern ist reine Freude.
Diese Freude des Lebens fließt frei durch meinen
ganzen Körper. Ich lebe von Freude und Glück.
Ich wähle die Gedanken, die Begeisterung
am Leben erzeugen.
Mein Leben ist reich, erfüllt und freudig.
Ich liebe mein wunderbares Blut
und bin dankbar dafür!

*Persönliche
Notizen*

Ich liebe meine Nerven

Ich habe ein wundervolles Nervensystem.
Meine Nerven ermöglichen mir die
Kommunikation mit allem Leben.
Ich kann spüren, fühlen und verstehen.
Ich fühle mich sicher und geborgen.
Meine Nerven dürfen sich friedlich entspannen.
Ich wähle die Gedanken, die mir Frieden bringen.
Ich liebe meine wunderbaren Nerven und bin
dankbar dafür!

Persönliche Notizen

Ich liebe meinen Magen

Mit Freude verdaue ich die Erfahrungen des
Lebens. Das Leben stimmt mit mir überein.
Ich nehme leicht jeden neuen Augenblick des
Tages auf. Alles ist gut in meiner Welt.
Ich wähle die Gedanken, die mein Wesen veredeln.
Ich vertraue darauf, daß das Leben mich mit dem
versorgt, was ich benötige. Ich kenne meinen
Selbstwert. Ich bin gut genug so, wie ich bin.
Ich bin eine göttliche, großartige Ausdrucksform
des Lebens. Ich nehme diesen Gedanken auf und
mache ihn für mich wahr. Ich liebe meinen
wunderbaren Magen und bin dankbar dafür!

*Persönliche
Notizen*

Ich liebe
meine Leber

Ich lasse alles los, was ich nicht mehr benötige.
Voll Freude lasse ich alles Gereiztsein, Kritisieren
und Verurteilen los. Mein Bewußtsein ist jetzt
gereinigt und gesund. Alles in meinem Leben
stimmt überein mit der Göttlichen Ordnung.
Alles geschieht zu meinem Besten und zu meiner
Freude. Überall in meinem Leben finde ich Liebe.
Ich wähle Gedanken, die mich heilen, reinigen und
erheben. Ich liebe meine wunderbare Leber und
bin dankbar dafür!

Persönliche Notizen

Ich liebe meine Nieren

Es ist gut, groß zu werden und das Leben anzunehmen, das ich geschaffen habe.
Ich lasse das Alte los und heiße das Neue willkommen. Tüchtig scheiden meine Nieren die alten Gifte meines Denkens aus. Ich wähle jetzt solche Gedanken, die meine Welt aufbauen; deshalb nehme ich alles in meiner Welt als vollkommen an. Meine Emotionen sind in der Liebe stabilisiert. Ich liebe meine wunderbaren Nieren und bin dankbar dafür!

*Persönliche
Notizen*

Ich liebe
meine Milz

Allein von Lebensfreude bin ich besessen.
Meine wahre Identität ist Frieden, Liebe und
Freude. Ich wähle die Gedanken, die mir Freude in
jedem Bereich meines Lebens bringen.
Meine Milz ist gesund, glücklich und normal.
Ich bin in Sicherheit. Ich beschließe, die Süße des
Lebens zu erfahren. Ich liebe meine wunderbare
Milz und bin dankbar dafür!

*Persönliche
Notizen*

Ich liebe meine Taille

Ich habe eine schöne Taille. Sie ist normal und natürlich und sehr flexibel.
Ich kann mich in jede Richtung beugen und drehen. Ich wähle die Gedanken, die mich alle Bewegungen und Übungen machen lassen, die mir Freude bereiten.
Meine Taille hat für mich genau den richtigen Umfang. Ich liebe meine wunderbare Taille und bin dankbar dafür!

*Persönliche
Notizen*

Ich liebe
meine Hüften

Ich trage mich in vollkommenem Gleichgewicht
durchs Leben. Es gibt immer etwas Neues,
dem ich entgegenschreite. Jedes Alter hat seine
Interessen und Ziele. Ich wähle die Gedanken,
die meine Hüften fest und kräftig sein lassen.
Ich bin kraftvoll in der Basis meines Lebens.
Ich liebe meine wunderbaren Hüften und bin
dankbar dafür!

Persönliche Notizen

Ich liebe mein Gesäß

Mein Gesäß wird Tag für Tag schöner.
Es ist der Sitz meiner Macht. Ich weiß, daß ich ein
machtvolles Wesen bin. Ich erkenne und
akzeptiere meine Macht. Ich wähle die Gedanken,
die mich meine Macht liebevoll und weise
gebrauchen lassen. Ich liebe mein wunderbares
Gesäß und bin dankbar dafür!

*Persönliche
Notizen*

Ich liebe
meinen Dickdarm

Ich bin ein offener Kanal für das Gute, das in und
durch mich fließt – frei, großzügig und freudig.
Ich lasse bereitwillig alle Gedanken und Dinge los,
die versperren oder verstopfen. Alles ist normal,
harmonisch und vollkommen in meinem Leben.
Ich lebe nur in dem allgegenwärtigen Jetzt.
Ich wähle die Gedanken, die mich offen und
empfänglich sein lassen für den Strom des
Lebens. Meine Aufnahme, Verdauung und
Ausscheidung sind perfekt.
Ich liebe meinen wunderbaren Dickdarm
und bin dankbar dafür!

*Persönliche
Notizen*

Ich liebe meine Blase

Ich bin in Frieden mit meinen Gedanken und Gefühlen. Ich bin in Frieden mit jenen, die um mich sind. Kein Mensch, Ort oder Gegenstand besitzt Macht über mich, denn ich bin der einzige, der in meinem Kopf denkt.
Ich wähle die Gedanken, bei denen ich gelassen bin. Bereitwillig und liebevoll lasse ich alte Vorstellungen und Denkweisen los. Leicht und freudig fließen sie aus mir hinaus. Ich liebe meine wunderbare Blase und bin dankbar dafür!

*Persönliche
Notizen*

Ich liebe meine Genitalien

Ich freue mich über meine Sexualität.
Sie ist normal, natürlich und vollkommen.
Meine Genitalien sind schön, normal und
vollkommen für mich. Ich bin gut und schön so,
wie ich bin, gerade hier und gerade jetzt.
Ich bin dankbar für die Lust, die ich durch meinen
Körper erfahre. Es ist gut für mich, Freude an
meinem Körper zu haben.
Ich liebe meine wunderbaren Genitalien und bin
dankbar dafür!

*Persönliche
Notizen*

Ich liebe meinen Mastdarm

Ich sehe die Schönheit meines Körpers in jeder
Zelle und in jedem Organ.
Mein Mastdarm ist normal, natürlich und schön
wie jeder andere Teil meines Körpers.
Ich akzeptiere jede Funktion meines Körpers
vollkommen und freue mich über ihre Leistung
und Vollendung. Mein Herz und mein Mastdarm,
meine Augen und meine Zehen sind alle gleich
wichtig und schön. Ich wähle die Gedanken, die
mich jeden Teil meines Körpers mit Liebe
annehmen lassen. Ich liebe meinen wunderbaren
Mastdarm und bin dankbar dafür!

Persönliche Notizen

Ich liebe meine Beine

Ich entscheide mich jetzt, alle alten
Kindheitsverletzungen und Schmerzen loszulassen.
Ich bin jemand, der im Hier und Jetzt lebt.
In dem Maße, in dem ich meiner Vergangenheit
vergebe und mich von ihr löse, werden meine
Schenkel fest und schön. Ich besitze vollendete
Beweglichkeit, um in jede Richtung zu gehen.
Unbelastet von der Vergangenheit schreite ich im
Leben voran. Meine Wadenmuskeln sind
entspannt und kräftig. Ich wähle die Gedanken,
die mir erlauben, mit Freude voranzugehen.
Ich liebe meine wunderbaren Beine und bin
dankbar dafür!

*Persönliche
Notizen*

Ich liebe meine Knie

Ich bin flexibel und fließend in meinen
Bewegungen. Ich gebe und vergebe.
Ich beuge und strecke mich mit Leichtigkeit.
Ich habe Verständnis und Mitgefühl, und ich
vergebe mit Leichtigkeit der Vergangenheit und
allem, was zu ihr gehört.
Ich erkenne andere Menschen an und lobe sie bei
jeder passenden Gelegenheit. Ich wähle die
Gedanken, die mich offen und empfänglich halten
für Liebe und Freude, welche überall frei fließt.
Ich knie vor dem Altar meiner selbst.
Ich liebe meine wunderbaren Knie und bin
dankbar dafür!

Persönliche Notizen

Ich liebe meine Knöchel

Meine Knöchel und meine Sprunggelenke geben
mir Beweglichkeit und Ausrichtung.
Ich lasse alle Angst und Schuldgefühle los.
Vergnügen kann ich mit Leichtigkeit annehmen.
Ich bewege mich in die Richtung, die am besten
für mich ist. Ich wähle die Gedanken, die
Vergnügen und Freude in mein Leben bringen.
Ich bin flexibel im Strom des Lebens.
Ich liebe meine wunderbaren Knöchel und bin
dankbar dafür!

Persönliche Notizen

Ich liebe meine Füße

Ich habe ein wunderbares Verständnis.
Ich stehe fest verwurzelt in der Wahrheit.
Mein Verständnis meiner selbst, der anderen und
des Lebens nimmt ständig zu. Ich werde getragen
und genährt von der Mutter Erde, und die
Universelle Intelligenz lehrt mich alles, was ich
wissen muß. Ich bin auf diesem Planeten sicher
und geborgen und nähere mich meinem Besten.
Ich bewege mich mit Leichtigkeit durch Zeit und
Raum. Ich wähle die Gedanken, die eine
wunderbare Zukunft erschaffen und trete in sie
hinein. Ich liebe meine wunderbaren Füße und bin
dankbar dafür!

Persönliche Notizen

Ich liebe meine Zehen

Meine Zehen inspizieren die Zukunft;
sie gehen vor mir her, um den Weg freizumachen.
Sie sind gerade, biegsam und kräftig. Sie schreiten
aus, fühlen und finden den besten Weg im Leben.
Ich wähle die Gedanken, die meinen Weg
beschützen. Indem ich vorwärtsschreite, ergeben
sich alle Einzelheiten von selbst.
Ich liebe meine wunderbaren Zehen und bin
dankbar dafür!

Persönliche Notizen

Ich liebe meine Knochen

Ich bin kräftig und gesund.
Ich bin gut strukturiert und ausgeglichen.
Meine Knochen stützen und lieben mich.
Jeder Knochen ist für mich wichtig. Ich wähle die
Gedanken, die mein Leben stärken. Ich bestehe
aus dem Material des Universums. Ich bin eins mit
der Struktur des Lebens. Ich liebe meine
wunderbaren Knochen und bin dankbar dafür!

Persönliche Notizen

Ich liebe meine Muskeln

Meine Muskeln schenken mir die Fähigkeit, mich in meiner Welt zu bewegen. Sie sind stark und werden immer kräftig sein. Sie beugen und strecken sich leicht. Ich wähle die Gedanken, die mich neue Erfahrungen willkommen heißen lassen. Mein Leben ist ein Ballett der Freude. Ich liebe meine wunderbaren Muskeln und bin dankbar dafür!

Persönliche Notizen

Ich liebe meine Haut

Meine Individualität ist sicher.
Die Vergangenheit ist vergeben und vergessen.
Ich bin frei und sicher in diesem Augenblick.
Ich wähle Gedanken, die mir Freude und Frieden
bringen. Meine Haut ist jugendlich und zart an
jedem Teil meines Körpers.
Ich streichle meine Haut gerne. Meine Zellen
haben ewige Jugend. Meine Haut ist der Mantel,
der den Tempel schützt, in dem ich wohne.
Ich liebe meine wunderbare Haut und bin
dankbar dafür!

*Persönliche
Notizen*

Ich liebe
meine Körpergröße

Ich habe die für mich vollkommene Körpergröße.
Ich bin weder zu groß noch zu klein.
Ich kann nach oben blicken und nach unten
schauen. Ich kann mich den Sternen
entgegenstrecken und die Erde berühren.
Ich wähle die Gedanken, die es mir ermöglichen,
mich immer sicher, geborgen und geliebt zu
fühlen. Ich liebe meine wunderbare Körpergröße
und bin dankbar dafür!

Persönliche Notizen

Ich liebe mein Gewicht

Ich habe das für mich in diesem Augenblick vollkommene Gewicht. Es ist genau das Gewicht, das ich für mich selbst akzeptiert habe.
Ich habe die Fähigkeit, mein Gewicht zu ändern, wenn ich es wünsche. Ich wähle die Gedanken, die es mir erlauben, daß ich mich wohl und zufrieden mit meinem Körper und seinem Gewicht fühle. Ich liebe mein wunderbares Gewicht und bin dankbar dafür!

Persönliche Notizen

Ich liebe mein Aussehen

Ich liebe mein Aussehen. Es paßt vollkommen zu mir und diesem Leben. Ich wähle mein Aussehen, bevor ich geboren werde und bin mit meiner Wahl zufrieden. Ich bin einzigartig und besonders. Kein anderer sieht genau so aus wie ich. Ich bin schön, und ich werde von Tag zu Tag attraktiver. Ich wähle die Gedanken, die ein schönes Aussehen fördern. Ich liebe es, wie ich aussehe. Ich liebe mein wunderbares Aussehen und bin dankbar dafür!

Persönliche Notizen

Ich liebe mein Alter

Ich bin im vollkommenen Alter. Jedes Jahr ist für mich besonders und kostbar, denn ich werde es nur einmal leben. Jedes Jahr von der Kleinkindzeit bis ins Alter ist erfüllt mit seinen eigenen Wundern. Wie die Kindheit eine besondere Zeit ist, so auch das höhere Alter. Ich will alles selbst erleben. Ich wähle die Gedanken, die mir erlauben, mich mit meinem Alter wohl zu fühlen.
Ich freue mich auf jedes neue Jahr, wie es sich vor mir entfaltet. Ich liebe mein wunderbares Alter und bin dankbar dafür!

*Persönliche
Notizen*

Ich liebe meinen Körper

Mein Körper ist eine herrliche Wohnstätte.
Ich bin glücklich, daß ich gerade diesen Körper
gewählt habe, weil er für mich in diesem Leben
vollkommen ist. Er hat die perfekte Größe, Gestalt
und Farbe. Er dient mir so gut.
Ich staune über das Wunder meines Körpers.
Ich wähle die heilenden Gedanken, die Gesundheit
in meinem Körper aufbauen und erhalten.
Ich liebe meinen wunderbaren Körper und bin
dankbar dafür!

Stichwortverzeichnis

Alter	107	Knochen	95
Arme	33	Knöchel	89
Atem	53	Körper	109
Augen	15	Körpergröße	101
Aussehen	105	Kopfhaut	11
Beine	85	Leber	65
Blase	79	Lungen	51
Blut	59	Magen	63
Brustkorb	49	Mastdarm	83
Dickdarm	77	Milz	69
Drüsen	55	Mund	21
Finger	39	Muskeln	97
Fingernägel	41	Nase	19
Flexibilität	47	Nerven	61
Füße	91	Nieren	67
Genitalien	81	Ohren	17
Gesäß	75	Rücken	45
Gewicht	103	Schultern	31
Haar	13	Stimme	27
Hände	37	Taille	71
Hals	29	Verstand	9
Handgelenke	35	Wirbelsäule	43
Haut	99	Zahnfleisch	25
Herz	57	Zähne	23
Hüften	73	Zehen	93
Knie	87		

Empfehlungen für die ganzheitliche Behandlung

Therapiemöglichkeiten, die auf der körperlichen Ebene ihren Schwerpunkt haben

Ernährung:
Unterschiedliche Diätformen, Makrobiotik, Heilfasten

Übende Verfahren:
Gymnastik, Wandern, Tanzen, Radfahren, Schwimmen, Karate, Aikido, Yoga

Alternative Therapien:
Akupunktur, Akupressur, Reflexzonentherapie, klassische Massage, Alexandertechnik, Bioenergetik, Touch for Health, Feldenkreis, Rolfing, Rebalancing, Polaritätsmassage, Reiki, Biodynamik

Entspannungstechniken:
Autogenes Training, Jakobson Methode, Biofeedback, Sauna, Musik hören

Buchvorschläge:
Prognose Hoffnung   von Bernie Siegel
Wieder gesund werden   von Carl Simonton
Herbally Yours   von Penny C. Royal
How To Get Well   von Paavo Airola
Lovestart: Pre-Birth Bonding   von Eve Marnie
(Alf Lüchow Verlag 1991)
Liebe deine Krankheit – sie hält dich gesund   von John Harrison
Meta Fitness   von Suzy Prudden
The Nutrition Detective   von Nan Fuchs
Psychoimmunity and the Healing Process   von Jason Serinus

Therapiemöglichkeiten, die schwerpunktmäßig im seelisch-geistigen Bereich arbeiten

Psychotherapeutische Verfahren:

Gestalttherapie, Hypnose, Neurolinguistisches Programmieren, Fokussing, Transaktionsanalyse, Rebirthing, Traumarbeit, Psychodrama, Regressionstherapie, Jungsche Analyse, Hakomi, Katathymes Bilderleben, Geführte Imagination, Astrologische Beratung, Kunsttherapie, Musiktherapie

Spirituelle Ansätze:

Unterschiedliche Meditationsformen, Gebet

Buchvorschläge:

Rezepte zum Glück   von Ken Keyes

As someone Dies   von Elizabeth Johnson

Stell Dir vor   von Shakti Gawain

Superbeings   von John R. Price

Wenn deine Botschaft Liebe ist   Gerald Jampolsky

Moneylove   von Jerry Gillies

Opening Our Hearths to Men   von Susan Jeffers

Autobiographie eines Yogi   von Paramahansa Yogananda

Ein Kurs in Wundern   (Greuth Hof Verlag 1991)

Emmanuel's Book   von Pat Rodegast und Judith Stanton

Bartholomew's Lachende Weisheit   von Bartholomew

Die Natur der persönlichen Realität   von Jane Roberts

Power Through Constructive Thinking   von Emmett Fox

Vollkommenheitslehre   von Ernest Holmes

Who Dies   von Stephen Levine